和青春期孩子的

关键对话

杨颖 编著

四川教育出版社
·成都·

图书在版编目（CIP）数据

和青春期孩子的关键对话 / 杨颖编著 . — 成都：
四川教育出版社，2022.12
ISBN 978-7-5408-8410-9

Ⅰ . ①和… Ⅱ . ①杨… Ⅲ . ①青春期－家庭教育
Ⅳ . ① G782

中国版本图书馆 CIP 数据核字（2022）第 247202 号

HE QINGCHUNQI HAIZI DE GUANJIAN DUIHUA

和青春期孩子的关键对话

杨颖　编著

出 品 人	雷　华
责任编辑	杨　波
责任校对	周代林
责任印制	田东洋
封面设计	松　雪
出版发行	四川教育出版社
	地　　　址　成都市锦江区三色路 266 号新华之星 A 座
	邮政编码　610023
	网　　　址　www.chuanjiaoshe.com
印　　刷	永清县晔盛亚胶印有限公司
版　　次	2023 年 1 月第 1 版
印　　次	2023 年 1 月第 1 次印刷
开　　本	880mm × 1230mm　1/32
印　　张	6
书　　号	ISBN 978-7-5408-8410-9
定　　价	36.00 元

如发现印装质量问题，影响阅读，请与本社联系。

总编室电话：（028）86365120　编辑部电话：（028）86365129

目录
CONTENTS

目录
CONTENTS

第一章
孩子长大了，心里到底在想什么

人生的关键转折点——心理断乳期

孩子进入青春期后，父母和老师会惊讶地发现孩子变了。他们变得不爱与他人说话，一放学就把自己关在房间里；变得有点忧郁，常有情绪波动。还有的孩子无法应对社交压力，无法把注意力集中在学业上……这时父母应该意识到，孩子进入了人生的关键转折点——心理断乳期！

人的一生有两个重要时期，一个是生理断乳期，另一个是心理断乳期。

从青春期开始，孩子开始逐渐摆脱对父母的依赖。这个过程，就是孩子逐渐摆脱父母、走向成熟的过程，被心理学家称为心理断乳期。这时的孩子渴望获得独立，渴望父母把自己当作大人看待。同时，孩子自身又有很大的依赖性，无论是精神上，还是经济上，他们都不能完全摆脱对父母的依赖。

青春期的孩子其实是矛盾体，他们强烈要求自我独立，但同时仍依赖父母；他们常常以成熟自诩，但心理却脆弱、善变。

有的处于青春期的孩子会把自己关在屋里，一整天都不出来，原因就是独处会让他们拥有自主的空间。此时孩子会感到放松。但实际上，在面对复杂问题时，孩子又渴望得到父母的理解、支持和帮助。比如遇到比较棘手的人际关系问题时，孩子不知如何处理，就迫切希望得到来自父母的帮助。

青春期的孩子非常想独立，但是他们的思想并不成熟，无论经济能力、还是其他各种能力，都非常有限。

面对青春期的孩子，父母经常茫然失措，因为这时他们仿佛一夜之间失去了对孩子的控制权。父母发现，昨天好像还缠着自己的孩子，今天就与自己保持了距离。

从孩子小时候与父母的亲密无间到他们渐渐长大，找到了属于自己的独立空间，作为父母，你们是否做好了充分的准备来迎接孩子的青春期？是否了解青春期孩子的心理发展特征？

憧憬未来

这个时期的孩子自主性高度发展，对自我的认识与评价越来越客观。他们开始对自己的未来进行规划。

叛逆反抗

这个时期的孩子是非观念还没成熟，叛逆，自我控制力差，对父母的关切容易感到厌烦。

疏离父母

不去，我约了同学打球。

吃完饭我们一起去广场散步吧。

青春期的孩子会与父母产生疏离感，因为他们喜欢独立、自主的感觉。

注重形象

步入青春期的孩子开始特别注重自我形象，尤其注意在异性面前的自我表现。

总 结

　　孩子就像河流中的石头，被冲刷、打磨，最终变成被磨得相对圆滑但又拥有自己特点的鹅卵石。在这个过程中，父母应该用平和的心态去包容孩子，尝试去理解孩子每种行为背后的原因，然后再对症下药去引导孩子成长，让孩子顺利度过心理断乳期。

渴望独立，与父母渐行渐远

很多父母会有这样的困惑：孩子小时候很愿意主动表达自己的想法，什么话都喜欢对爸爸妈妈说。但自从上了中学，孩子就变得不再主动分享，常常是一副心事重重的样子，看起来有了自己的小秘密。父母主动和孩子交流了解近况，却遭到了他们的抗拒，这如何是好？其实，这些都是青春期的孩子独立意识觉醒的表现。

有洞察力的父母会看穿孩子的盔甲，以尊重和带有兴趣的和深切的关注来对待进入青春期的孩子。

青春期伊始，孩子的注意力开始从外转向内，他们的行动会变得更加有自我意识，在学习和生活中会产生更多的主动性，渴望独立探索新事物。而由于孩子心理和生理方面的巨大变化，他们会感到难为情和担心，经常需要独处来缓解内心的波澜，并保护自己。父母应该尊重并尝试理解孩子的状态。

处于青春期的孩子内心敏感，他们既渴求他人的理解，又渴望独自探索生活。在此阶段，父母应当重视孩子的意愿，给予他们有分寸的关心。

父母可能会发现，青春期的孩子开始在意自己的外表，他们展开了对美的追求。同时，孩子变得更喜欢和同龄人待在一起，并展现出享受、快乐和轻松的情绪状态，有什么心事都想和好朋友分享。渐渐地，孩子和父母在一起沟通的时间变少了，父母便感觉到孩子的疏远。

"青春期里最正常的现象，放在其他阶段，都会显得非常神经质。"

　　青春期是孩子成长过程中的一个特殊阶段，孩子会更真实地感到自己是世界的一部分，对自己的性别、性格、容貌有了明显的认知，自我意识越来越强。父母应该用积极的心态来看待孩子的变化，并给予孩子独立探索的机会，让其感受到父母对于他们独立个体的认可。

　　同时，父母也要对孩子感兴趣的事物有所了解，以拓宽彼此交流空间的广度，填补亲子之间的代沟。

渴望认可

青春期的孩子很看重自己的才能，如果自身的优势经常被他人发现、认可，那么孩子将会获得巨大的满足感和幸福感。

尊重隐私

孩子对自己的内心世界非常珍视，对自己的隐私非常看重，父母应该承认孩子内心世界的存在，并尊重其隐私。

　　父母如果能站在孩子的角度思考问题，就能更理解孩子，从而增加彼此之间的共同语言。

　　父母应尊重孩子的独立意识，处理一些事情时不妨民主一些，给予他们自主选择的机会。

总　结

　　青春期的孩子需要父母平等的指导。仅从大人角度出发的说教已不再那么有效，父母应当把孩子当成明事理、分美丑的独立个体，尊重他们的家庭地位，与他们建立平等友爱的亲子关系。在这样的前提下，孩子也会愿意把父母看作自己"年长的朋友"，而不是"老古板"。父母要用爱和耐心让孩子感受到自己会与其并肩同行。

需要尊重，给孩子发表意见的机会

对于每个孩子来说，青春期都是一段特殊的时光。他们开始渴望摆脱父母的约束，寻找独立探索生活的机会。因为自我意识的觉醒，孩子开始对善恶是非有了自己的看法，并想要表达自己的意见。在此阶段，父母会感到他们对孩子不再拥有绝对的控制权，因此，内心会产生一定落差。

> 赋予父母教养权威的不是教养技巧，
> 而是亲子间的依赖关系。

实际上，孩子走向独立，并不意味着父母要"退场"，父母应该把以往对孩子的控制，转变为对他们的尊重和支持，在这个前提下，对孩子的行为加以引导。父母尤其要给孩子一定的话语权，让他们充分表达自己的想法。只有这样，他们才会感觉到自己的独立人格被尊重，并对理解自己的父母投以爱的回报。

无论自己的本意有多好，父母都要明白，孩子之所以愿意遵从父母的教导，是出于对父母的爱和尊敬，保持良好的亲子关系才是家庭教育的秘诀。

经常给孩子充分表达自我的机会，父母会发现孩子思想的灵活和有趣之处，进而看到他们内心的真善美。这样，父母能更好地帮孩子塑造优良的品行。

一些父母可能会发现，自己给了孩子充分表达意见的机会，孩子却很抵触，不愿意和父母讲太多。其实，要想孩子畅快地表达自己的意见，还有一个前提，那就是孩子爱听父母说话。只有孩子认为从父母那里可以得到有效的建议，或得到共鸣时，他们才会愿意向父母表达自己的想法。

"懂得尊重自己的人，也会懂得尊重别人，这包括尊重自己的孩子。"

父母应该意识到，家庭教育的基础是孩子愿意关注父母，听父母讲话。这离不开平时父母对孩子的爱和尊重，更与父母自身的魅力息息相关。作为孩子最亲密的人，父母若能树立远大的人生理想，展现出对生活的热爱，将有利于其家庭形象的塑造。孩子会把具有美好品格、独特个性的父母形象印刻在心中，并以此为榜样，也自然更愿意将自己的心事与父母分享。

做个榜样

当孩子的注意力在父母的身上时，教育就会变得容易起来。父母不妨培养一门爱好，在某方面成为孩子的榜样。

侧耳倾听

有时候，孩子只是需要一个可以倾诉的对象。父母不必急于表达自己的观点，可以选择先倾听孩子的想法。

父母可以从侧面引导孩子说出更多真实的想法，阅读、观影都是可取的途径。

在孩子表达、展示自己的场合中，父母要尽可能地鼓励孩子，口头上的支持必不可少。

总　结

　　世界上有各种各样的风景，充满了未知性和可能性，孩子也是如此，不同的天性将使他们收获不同的人生。父母要充分相信孩子的好奇心，它激发着孩子对探索的渴望，也让他们的脑海中产生源源不断的新想法，而父母的尊重正是让孩子表达想法的源动力。把话语权交给孩子，让他们充分表达自我，也是一种成长助力。

容易焦虑，在成长的压力下烦躁不安

孩子进入青春期后，心理和生理的变化都很明显。在激素的作用下，孩子的情绪容易变得十分不稳定。同时，身体的发育也给孩子带来了一些困扰，长青春痘、尴尬的变声和个头长太快或太慢都让孩子压力倍增、十分烦恼。父母要意识到，青春期的孩子所面临的状况是复杂的。

青春期的孩子，因为身体和心理的生长发育，或多或少都会出现抑郁和焦虑的情绪。

当孩子看起来烦躁和焦虑时，父母一定要重视，既不能严厉地指责孩子，也不能对孩子的状态视若无睹。父母应该想方设法地帮助孩子减轻压力，让他们正视自己的身心变化，并发现其中的美好。在此阶段，孩子表现出的高冷、浮躁，都可能是用来掩饰内心困惑和不安的手段，他们其实很需要父母的引导和帮助。

青春期的孩子总会出现各种状况，在他们内心焦躁不安的时候，父母要放平心态，开导他们，帮助他们解决实际问题。

面对自身的复杂变化，孩子会感到压力重重，极有可能经常变成小"火药桶"，而父母要做的，就是千万别点燃导火索。面对孩子的不良情绪，如果父母同样以暴躁的口吻回应，那么将免不了一番争吵，这不但不能解决问题，还会影响亲子关系。

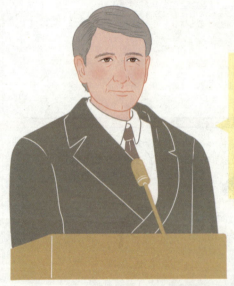

"真正的教育，是一棵树撼动另一棵树，一片云推动另一片云，一个灵魂唤醒另一个灵魂。"

所有争执和矛盾的发生，都不是一个人的原因，而是双方共同作用的结果。父母想要帮助孩子，首先要学会控制自己的情绪，在面对孩子的激烈反应时，要保持平静，耐心倾听孩子的心声。在父母的影响下，孩子也会理智下来，逐渐学会正视自己青春期的各种变化。同时，父母对孩子产生不良情绪的原因有所认知也有助于帮助孩子。

学业压力

繁重的功课，升学的挑战，都给青春期的孩子带来了不同程度的压力。在努力学习却持续得不到回报时，孩子就会因为挫败感而焦虑。

他人评价

随着性别意识的萌芽，容貌焦虑在一定程度上给部分孩子带来了困扰，此时，父母引导孩子发现自身的特点并树立自信很重要。

信息影响

孩子每天接触新信息的途径变多了，受到新消息影响的可能性就会变大，父母要帮助孩子识别信息真假，多关注孩子的情绪变化。

想法增多

青春期的孩子常常被活跃的自我意识所困扰，他们开始注意到以往未曾注意到的细节。

总 结

　　青春期的孩子就像刚登上岛屿的探险家，对他们来说，周遭的一切都是新鲜、陌生的，充满了魅力，同时也隐藏着看不见的磨难，但这些都是他们发现自我、探索人生的机会。因此，面对孩子的不良情绪，父母可以在恰当的时候对孩子表示关注和理解，让孩子明白父母是他们强有力的后盾，但不要过分打扰孩子，甚至代替他们自己去感受生活。

叛逆反抗，就是要和父母唱反调

　　进入青春期的孩子似乎不再像从前一样乖巧了，他们经常和父母唱反调，事事都要和父母对抗一番。父母可能会认为这是孩子本身个性的体现，但实际上，叛逆并非孩子的天性，它与青春期孩子自我意识的觉醒息息相关。叛逆代表孩子开始重视自身的感受，不愿再受人摆布。

　　孩子并不是故意地想要表现得叛逆，这只是他们成长道路上的一个阶段。

　　在青春期，不只是与父母关系比较疏离的孩子，与父母关系亲密的孩子也会产生逆反心理，但这两者之间有一定区别。与父母的关系越不和谐、越不依恋父母的孩子，在青春期里反抗父母管束的心理就会越强烈。而比较依恋父母的孩子，虽然也会变得叛逆，但在时间上会更短，在程度上会更轻微。

有时候，孩子会用争论、拖延、沉默、哭泣等各种方式对抗父母。

孩子逆反心理的产生，与没有得到足够的重视也有关系。青春期的孩子，内心会更加敏感，渴望被理解和尊重，倘若父母总是忽略他们的感受，将自己的意见强行施加给孩子，那么自然会遭到孩子的反抗。还有的孩子希望通过叛逆的行为来引起父母更多的注意，以得到更多关注和关爱。

逆反心理其实是一种本能的'反意志'，它最常出现的一个阶段是孩童时，另一个阶段就是青春期。

如果父母不能用合适的方法去干预孩子的叛逆行为，就会既影响亲子关系，又有可能在孩子的心中留下阴影。因此，父母要根据孩子的具体情况来施行对策，分析孩子叛逆行为产生的原因。比如，有的孩子叛逆是出于一种从众心理，为了和同伴保持一致；有的孩子则是因为渴望独立，所以才会反抗身边人的管束。

提出建议

处于叛逆期的孩子不喜欢被管束，父母不妨用提建议的方式去关心孩子，而不是一味地提出要求。

替换目标

当孩子执着于自己的目标时，父母强烈反对未必有效，不如合理转换一下他们的目标。

修正期望

　　繁重的课业已经让孩子压力重重，课外特长班的各种任务更会加重他们的反抗之心。父母不妨调整自己的期望，让孩子慢慢来。

适当放手

　　孩子的叛逆行为如果不是特别出格，父母可以表示尊重，让孩子自行承担后果。有时候，让孩子自己承担行为带来的后果，会更具教育意义。

总　结

　　青春期的孩子因为迫切地想要追求自我，会反抗任何形式的管束，但这也是他们走向独立的开始，有时父母要看到这种逆反心理背后的积极意义。有时候逆反心理能够让孩子更加坚定地走自己的路，减少旁人对其的影响。同时，逆反心理也能够帮助他们树立坚强的性格，让他们在反抗之中变得更加勇敢，这对其成熟人格的塑造发挥着作用。因此，父母既要警惕孩子叛逆，又要守护孩子人生中的那一份"倔强"。

第二章
面对青春期的孩子，换一种方式对话

停止抱怨，让孩子乐观生活

有一些父母，一边牺牲自我为家庭付出，一边又不停地向家人，尤其是孩子抱怨。这些父母对孩子最常说的一句话就是："我这么辛苦全都是为了你，你还不表现好点！"殊不知，这些负能量给孩子带来了巨大的心理压力，让孩子十分痛苦，使他们沉浸在对父母的愧疚情绪之中。

> 如果你看不惯某种东西，那就改变它。如果你无法改变它，那就改变你自己的态度，而不是抱怨。

如果父母经常抱怨，孩子就会变得小心翼翼，在父母面前掩藏自己的真实情绪，生怕惹来他们的抱怨。久而久之，有的孩子会习惯压抑自我，形成讨好型人格；有的孩子则会复刻父母消极的人生观，也变得爱抱怨。这些都对孩子的成长非常不利。可以说，一个充满负能量的家庭环境，无法培养出一个积极乐观的孩子。

当父母向孩子宣泄负能量而不停抱怨时，孩子很可能会形成唯唯诺诺的性格。

青春期的孩子不再像小时候那样乖巧、听话。他们对周围人的情绪变化更加敏感，一旦父母开始抱怨、唠叨，孩子就会迅速地察觉到他们言语中的消极情绪，并对此感到不安和烦恼。不停地抱怨、唠叨其实是一种消极的沟通方式，它并不会有助于父母与孩子之间的交流。

"父母不要向孩子抱怨生活，不要对孩子诉苦，这会导致孩子产生'负罪感'。"

　　父母不停地在孩子面前抱怨，只会让他们厌烦，产生逆反心理，越来越不愿理会父母的说教。并且，父母面对生活的消极态度也会传染给孩子，让他们变得悲观，没有安全感，这种影响是深远的。

　　因此，父母首先应该转变自己的生活态度，调节自己的情绪，用合理的方法去塑造乐观的心理状态，不要将自己感受到的压力转移给孩子，让他们去承受父母的不良情绪。

培养爱好

父母不应把人生所有的希望都寄托在孩子身上，而应树立自己的人生目标，培养一些有利于陶冶身心的爱好，以此带给孩子积极的影响。

放下担忧

父母要有自己的判断力，没必要对孩子的所有事情都过度担忧。在适时地提供帮助后，让孩子自由成长也未尝不可。

及时鼓励

父母要看到孩子更多的可能性，比起喋喋不休的抱怨、唠叨，及时的鼓励更能激发孩子努力进取的心。

侧面引导

机智的父母懂得满足孩子的心理需要，总能用充满关爱的语言把话说到孩子的心坎上。

总　结

　　在理想的家庭关系中，父母和孩子应该组成一个稳固的等边三角形，如果每一位成员都能站在正确的位置上，爱就会有效地流动。因此，为了减少不必要的抱怨，父母在教育孩子的同时，要及时纠正彼此在家庭关系中的"错位现象"，避免把生活的压力、双方的矛盾等转移给孩子。

拒绝斥责，帮孩子树立信心

孩子进入青春期后，会更加渴望与父母平等地交流。如果父母习惯于板起面孔斥责孩子，就会令孩子陷入自我怀疑，认为自己什么都做不好，并开始畏惧父母，与父母渐行渐远。同时，父母在生气时脱口而出的难听话语，会伤害孩子的心，使他们对父母产生敌意。

> 父母只有放下架子，尊重孩子，以平等的身份对待孩子，才能与孩子建立信任关系。

父母应该意识到，孩子之所以愿意听话，一是因为真正懂得了道理，二是出于对父母的依赖和爱。而斥责的教育方法，既会阻碍孩子学习道理，又会破坏亲子关系，无法达到良好的教育效果。如果孩子犯了错，父母可以批评他，但不要用贬斥、责骂的方式去刺激他们的内心。孩子虽然还不成熟，但也是独立的个体，应该受到尊重。

　　父母的斥责和孩子的反抗让整个家庭充斥着火药味，这种交流方式让每个人都不舒服，根本解决不了问题。

其实，父母批评孩子的初衷是为了引导孩子改正自身的错误，避免再次制造麻烦。但与孩子沟通时，父母往往会忽略这一重要目的，只顾着发泄自己的愤怒情绪，这反而让问题难以得到及时的解决。

"掌握好指责与训诫的方法与技巧，才能达到教育的目的与效果。不当的责罚不知不觉中会伤害孩子。"

其实，父母在为孩子糟糕的表现而感到郁闷的同时，也在为自己无法管束孩子而倍感愤怒。

陷入这种情绪中的父母必定会充满忐忑。但实际上，这是一种过度的担忧，青春期的孩子处于成长阶段，他们的人生充满了无数种可能性。父母在教导孩子时，应该先调整好自己的心态，用温和的口吻与孩子沟通，帮助他们树立自信心，发掘他们更多的可能性。

悦己悦人

先悦己后悦人，父母要懂得爱自己，拥有一颗从自身出发对生活充满热情和希望的心，才能温暖他人。

情绪提示

为了避免难听的话语伤害孩子的内心，父母在发火前不妨向孩子坦白自己的情绪，让他们及时远离当前的场景。

约法三章

父母可通过与孩子耐心协商的方式，让他们承担自己在学业和生活等方面的责任，同时可设置一定的奖惩规则。

暗示教育

观看影视作品和阅读书籍也是比较有效的教育方法。不妨让孩子在多样化的体验中认识到自身的不足，这比父母严厉的斥责更管用。

总　结

　　处于青春期的孩子，其内心是非常脆弱的，如果父母一直用贬斥、威胁的口吻去教育他们，就会给他们的心灵留下阴影，破坏他们对自身的认知，使他们怀疑自己，产生自卑感。同时，父母的态度影响着孩子的人生态度，只有温和的口吻、积极的评价，才会让孩子更自信，更相信自己会有所成就，他们看待事物的态度也会更乐观。

少些命令，让孩子释放天性

年幼时期的孩子，因为自身还不具备与周围环境抗衡的能力，会听从父母的要求，做个"乖孩子"。但青春期的到来将逐渐改变这一切，孩子自我意识的觉醒让他们变得更加勇敢，更想要挑战一切，此时的父母如果依旧用命令的口吻去干涉他们的生活，就等于在压抑他们的天性，这必然会遭到他们的反感。

父母在实施命令式教育的时候，不管是疾言厉色地直接命令孩子，还是用委婉的方式去胁迫孩子，都是非常不利的。

有些父母认为，孩子就是自己的附属品，理应乖乖听话。受这种心态影响，他们很喜欢命令孩子，喜欢按照自己的想法去安排他们的人生。在这个过程里，孩子就像"工具人"，内心的渴望始终被压抑，直到他们成年独自生活之后才感受到自由。而年幼时与父母之间不平等的相处模式将一直是他们内心深处的隐痛。

　　父母习惯直接命令孩子做这做那，却几乎不告诉他们那样做的原因。在这样的交流模式下，孩子并不能体会到父母的真正用意，只会觉得他们不民主、不通情达理，进而与父母产生隔阂。

有些父母把孩子当成了自己的"附属品"并对其寄予厚望，习惯性地命令他们做事，这其实是一种对亲子关系的错误认知。父母应该意识到，孩子有他们自己的可能性，父母要做的，就是成为孩子的引路人，帮助他们找到人生理想。只有这样，在面对竞争压力巨大的社会时，孩子才能不迷茫。

"家庭关系紧张，父母专制，不尊重孩子的人格，不讲民主等因素直接影响孩子的学习与人生。"

　　还有一些父母原本是关心孩子，希望他们变得更好，却不知道怎样表达自己的想法，说出口的话都变成了命令，结果孩子根本不领情。在这种情况下，父母需要转变沟通方式，多提建议少命令，采用一些合理有效的方法让孩子看到自己的良苦用心。

分享经验

我年轻时也和朋友闹过小矛盾，但朋友之间不必太计较，你也可以主动找他和好。

爸爸，你说的确实有道理，我试试。

父母的人生经历比孩子丰富得多，当孩子遇到问题时，不妨和他们分享一下自己当年的亲身经历并提出建议，这比直接命令孩子的效果好很多。

换位思考

长大之后我要当旅行博主，走遍全世界。

那你加油哟，你要学会多种外语才行。

父母在向孩子提建议时，不能用老眼光来看待孩子的想法，要跟上时代的潮流，了解当下的孩子喜欢什么。

替换用词

把带有命令意思的句式"如果……"改成"只要……"，孩子听了之后会更愿意接受。

主动沟通

父母要学会和孩子主动沟通，用温和的口吻表达对他们的关心，这样，孩子也会更愿意向父母表达自己的真实想法。

总 结

　　其实，孩子一直都在寻求理解，尤其是来自与他们最亲近的父母的理解，他们其实很想对父母敞开心扉，却常常被父母命令式的话语遏制住了表达的欲望。作为孩子的引路人，父母要学会向孩子敞开心扉，无论何时，只要父母肯用真挚的情感表达自己的想法，耐心地与他们沟通，孩子一定愿意理解父母的良苦用心。

避免敷衍，直面孩子的需求

一些父母或许会有这样的习惯：当孩子向他们寻求鼓励或提出一些要求时，他们要么敷衍应付，要么转移话题，对孩子的需求选择性忽略。父母可能觉得孩子尚且年幼，糊弄一下就可以了，但实际上，孩子的内心是很敏感的，这种做法会让他们认为父母不关心自己，从而觉得沮丧、失望，这些不良情绪将会影响亲子关系的和谐。

> 家长只有理解、接纳孩子的行为，才能与孩子沟通，和孩子一起找到解决问题的方法。

通常父母喜欢用学习来转移话题，只要孩子一提要求，他们就会说："你还要学习，就别想这些了。"有些父母发现，在多次转移话题之后，孩子对自己的态度也发生了变化，他们开始装作听不到父母的呼唤，或者故意和父母唱反调，还有的孩子把心事都藏了起来，什么也不对父母说。

上面转移话题和搪塞、敷衍的应对方式，只会把孩子越推越远。

父母要正视孩子的具体需求，在孩子表达明确意愿时，应该认真考虑孩子意愿的合理性和可行性，而不是用其他的借口来敷衍孩子或转移话题。同时，父母也要重视孩子的情感需要，在第一时间给孩子鼓励、安慰和支持，一旦得到理解，孩子就会感到充实和快乐。

"对孩子健康心理的培养和对孩子身体的关心一样重要，孩子只有具备了健康的心理，才能挑战未来，走向成功。"

处于青春期，孩子本来就会因为生理和心理方面的诸多变化而倍感焦虑，如果此时又得不到父母的理解和尊重，他们必然会觉得受挫。父母应当认识到，要想培养出心理健康、积极进取的孩子，就需要平时多了解孩子内心的真实想法。如果孩子主动表达自己的需求，父母不妨趁这个机会与其好好聊一下，帮助孩子的同时又能增进亲子感情。

正视问题

当父母认为孩子的要求不太合理时，要耐心地向孩子说明自己不同意的原因，而不是直接以"你还要学习"来敷衍孩子。

及时赞美

对孩子的赞美要及时、真诚、充满热情，只有这样，孩子才能感受到父母的关心和支持。

要避免敷衍的沟通，还需要父母适当调整自己内心的标准，理解孩子的处境，认可孩子的付出，尊重孩子的选择。

如果父母正忙于其他事而无暇顾及孩子，一定要耐心地向孩子解释、说明情况。当父母处理完自己的事后，一定要及时回应孩子。

总 结

　　父母不敷衍、搪塞孩子的需求，并不意味着要无限迁就孩子。当孩子无理取闹或提出不合理的要求时，父母应当及时制止并向其讲明道理，以避免孩子形成永不满足的心态，养成坏脾气。

　　青春期的孩子已经有了强烈的自我意识，更渴望平等的沟通模式，父母只有摆正心态，尊重孩子，才能与孩子更好地相处。

耐心引导，让孩子主动表达

青春期的孩子自我意识高涨，认知能力快速发展，已经不再是思维简单的小朋友了。他们虽然非常渴望在家庭这个温暖的港湾中找到可以倾诉的对象，但又表现得十分高冷，不愿意主动表达自己的观点。如果父母不能理解他们的行为，反而因为过于迫切地想了解孩子的真实想法，而采用了错误的沟通方式，只会让孩子产生抵触情绪，使其因找不到可靠的倾诉对象而倍感孤独。

养育孩子意味着向一种新的步调妥协，父母需要培养耐心，并对当下的情形因势利导。

青春期的孩子在学校受到委屈、遇到困难是比较普遍的现象。而性格和所接受的家庭教育的不同将影响孩子处理问题的方法，父母给予足够关心、性格乐观积极的孩子会更愿意表达自己的真实感受，在人际交往方面不吃亏、有主见。

　　青春期的孩子其实内心渴望得到理解和支持，却不知道该如何表达，父母应该去主动了解他们言语背后的真实想法。

要想孩子愿意主动表达，父母就要思考自己平时是否有一些不好的沟通习惯。比如，经常打断孩子讲话，以居高临下的态度否定孩子的观点，喜欢把自己的想法强加给孩子，从来不赞美、鼓励孩子，等等。这些行为都严重抑制了孩子的表达欲。

"多蹲下来听孩子说话，你看到的将是一个纯真无瑕的世界。"

如果父母不改变对待孩子的态度和方式，就很难让他们主动表达。父母只有把孩子当成独立的个体，重视他们的思想意识，给予其平等的地位，尊重他们表达的权利，才能打开孩子的心扉，让他们勇于展现自己。

当父母掌握了正确的沟通方法后，不仅会发现孩子变得更健谈了，还能感受到他们对生活的热爱。

耐心倾听

在孩子想要表达的时候，父母要鼓励孩子尽可能地表达，并且拿出真诚的态度来认真倾听，以实现无障碍沟通。

有效肯定

父母对孩子的赞美要具体、有效，不要用"真好""不错"等抽象语言去敷衍孩子。

父母要了解孩子感兴趣的东西，并创造机会让他们主动表达自己的想法。

为了鼓励孩子勇敢参与到集体活动中，父母不妨提供一些有效的帮助，让他们可以顺畅地表达自己的观点。

总　结

　　当人被理解、被重视的时候，他们会更愿意表达，孩子也不例外。适当的肯定与表扬对青春期的孩子来说就像一剂良药，可以慰藉那颗渴望被看到的心，自然而然地，孩子就会产生表达自我的欲望。同时，父母也要为孩子营造民主、温馨的家庭氛围，孩子如果感到轻松、愉快，也会更愿意表达。

第三章

聊聊成长，缓解孩子的竞争压力

缺乏勇气，半途而废的孩子

青春期的孩子具有强烈的自我意识，他们渴望通过自己的努力，在竞争中脱颖而出。但有些孩子因为缺乏探索的勇气，常常在行动中半途而废，难以达成心中的目标。这其实与悲观心态或从众心理有关。如果父母对孩子的管教较为严苛，习惯批评孩子，却从来不鼓励他们，久而久之，孩子就会形成悲观的心态，总因为担忧做不好事情而不敢行动。

> 教育孩子不是为教育而教育，而是为了把孩子培养成社会所需之人。

同时，从众心理也是导致孩子缺乏勇气的原因之一。有些孩子缺乏主见，对未来感到迷茫，不知道该定下怎样的目标。因此，他们会习惯于随大流，盲目地模仿他人。但出于模仿心理而树立的目标不是孩子真实的愿望，他们的热情终将消失殆尽，面对前行的路，他们易丧失继续走下去的勇气而半途而废。

简单的话语充分地表达了孩子内心的真实想法，父母应该透过现象看本质，认真分析孩子行为背后的心理原因。

要想让孩子勇往直前，就要改变他们的悲观心态和从众心理。首先，要扭转孩子的悲观心态，父母要学会改变自己的表达方式。父母要多肯定孩子，并落实到具体的事情上；看到孩子的优点，并让孩子也认识到自身的优势。通过让孩子明白"我能行"，从而达到激发其勇气，鼓励其砥砺前行的目的。

要教育好孩子，就要不断提高教育技巧。要提高教育技巧，就需要家长付出努力，不断进行自我提高。

其次，让孩子摆脱从众心理也具有重要意义。这需要父母对将孩子培养成什么样的人有自己独到的见解，这建立在父母对社会现状的了解之上。如果父母对社会现状缺乏正确认知，只相信浮华和虚假的现象，那么将无法理智思考，更无法给孩子提供客观、全面的建议。

适当认可

当孩子对一些积极向上的事情表现出极高的兴趣，并愿意勇敢尝试的时候，父母一定要表示支持，不要用冷言冷语浇灭孩子的一腔热情。

予以包容

当孩子非常害怕，还不想尝试他们不确定的事情的时候，父母要等待孩子做好准备，不要把孩子硬推出去。

父母不妨创造条件，带孩子亲身了解他们感兴趣的职业，这样可以更好地帮助他们树立坚定的人生理想。

当孩子不知道自己的人生目标，感到迷茫时，父母可以让他们通过了解名人的故事来获得启发。

总 结

其实很多孩子即使成年了，也仍然缺乏勇气和恒心，做什么事都坚持不下来，对自己的人生充满迷茫。在学校时，老师让做什么就做什么，没有自己的主见；毕业后，看别人做什么就做什么，完全不知道自己想要什么。这其实和家庭教育有着巨大的关系，只有父母对社会生活有客观且全面的认识，才能更从容地应对孩子从小到大出现的各种问题，引导他们找到自己的人生目标，实现人生价值。

盲目逞强，拒绝帮助的孩子

处于青春期的孩子自尊心极强，他们非常希望靠自己在各种竞争中名列前茅，在遇到困难时，不愿意向任何人寻求帮助。实际上，他们这样做的结果并不好，甚至有的孩子还因此让很多一心想帮助他们的人失望。由此可见，盲目逞强并不可取。

> 人际关系好的人比较愿意找别人帮忙，喜欢教别人如何做某事，他们在人群中感觉舒服自在。

孩子习惯盲目逞强，遇事不爱求人帮助，这与他们不善于处理人际关系息息相关。通常来讲，一些性格开朗、豁达大度、不拘小节的孩子更喜欢与别人合作，并能在与他人的合作中更高效地完成任务。他们总能在收获良好的人际关系的同时，达成自己的目标。而被动、倔强、不善于和他人相处的孩子，习惯独来独往，遇到困难时不懂得如何开口向他人寻求帮助。

孩子之所以在遇到问题时盲目逞强，是因为他们觉得承认自己不行是可耻的，他们不懂得人和人之间相处的道理，害怕他人看轻自己。

父母要知道，孩子逞强的个性不是一成不变的，会随着环境和思考方式的变化渐渐得到完善。因此，父母应当站在孩子的角度去理解他们的心声，向他们传递与他人交往的正确理念，并采取具体的方法去帮助他们。

“ 儿童的行为出于天性，也因环境而改变，所以孔融才会让梨。 ”

同时，孩子爱逞强也是因为他们强烈渴望在父母和他人面前展现自己的优势，这带来的并非全是坏处，孩子会因为进取之心而不畏艰难，即使常常遭遇失败，他们也乐此不疲。因此，父母要好好引导孩子合理利用自己的这股韧劲，并经常和孩子进行交流，对他们的努力予以表扬。

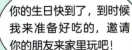

你的生日快到了，到时候我来准备好吃的，邀请你的朋友来家里玩吧！

好！

父母应当为孩子敞开心扉与他人交往创造条件，让孩子有好的机会和他人展开有效互动。

妈妈，为什么你接受了李阿姨的帮助呢？

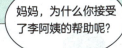

因为接受他人的帮助并不代表自己就是弱者，相互帮助的过程可以增进彼此的感情。

父母要教给孩子具体的社交方法，尤其要教孩子学会接受他人的帮助，在合作中高效地完成任务。

自然惩罚指的是让孩子亲身体会逞强造成的后果，让孩子从中意识到自己行为的错误。

父母可以定期组织家庭会议，和孩子一起坐下来好好聊一聊，让他们充分认识到盲目逞强的不利影响。

总 结

　　青春期是孩子从青涩迈向成熟的过渡阶段，他们的性格和为人处事的方法将在这个阶段中形成。孩子就像细嫩的小树苗，在成长中既需要父母悉心浇灌，又需要父母帮忙修剪多余的枝条。父母既要看到孩子的进取心，引导他们勇敢靠自己，又要对孩子加以指导，告诉他们遇到困难且自己无法解决时，可以主动求助。

屈于失败，一蹶不振的孩子

　　处于青春期的孩子对生活充满了好奇，他们希望通过表达自己、展现自己，得到他人的关注。孩子那强烈的进取心在闪闪发光。与此同时，正因为内心对成功无限渴望，一些孩子经受不起失败带来的挫折感，他们一旦没能在竞争中取得胜利，从此便会一蹶不振，害怕参与到任何竞争中去。

　　孩子纯真敏感的心灵，更需要父母小心翼翼地呵护和照顾。

　　每个孩子都有其独特的人格，但在竞争中有的孩子意识不到这一点，他们只是一心希望自己比其他人做得好，从而忽视了自身真正的优势，会因为一时的挫败而倍感焦虑。作为孩子的引导者，父母如果在孩子遭遇失败时添油加醋，不去关心而是一味指责孩子，那么孩子的内心将会更加煎熬，再次面对机会时，他们也会踌躇不前。

当孩子遇到挫折、陷入自我怀疑中时，父母不应该一味地批评、否定孩子，这只会让孩子的内心更加不安，沉浸在对自己的失望中。

即使是成年人，在面对失败时也难免感到失落，更何况是正处于青春期的孩子。处于失败的痛苦中时，孩子会相当消极，认为自己没有能力去实现自己心中的理想和目标。父母如果想要消除孩子心中的悲观情绪，帮助孩子重拾信心，拥有再次挑战的勇气，就要用合理的方法敲开孩子的心门，让他们与自己和解。

生活就像海洋，只有意志坚强的人，才能到达彼岸。

想要帮助孩子缓解失败带来的挫败感，父母切记不要敷衍孩子。这不但不能让孩子停止自我怀疑，还会让孩子认为自己的行为就是错误的，是不该存在的，这会让他们更加轻视自己，内心的失落无处释放。

寻找示范

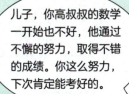

当孩子不相信自己会成功时，父母可以举一些发生在熟悉的人身上的真实例子，来引导孩子走出困境。

无限可能

孩子对世界的认知不一定全面，父母可以告诉他们人生不只有一个方向。

勇敢面对

依靠毅力就可以完成的目标，父母不妨让孩子多尝试几次，在失败中获得经验。

学会放下

父母要教育孩子不要紧抓着自己的劣势不放，要学会让自己的优势发光发亮，取长补短，充分发挥自己的潜能。

总 结

　　成功是不易的，在迎来胜利之前尤其需要耐心。在失败的时候不囿于眼下的痛苦，而是永远相信自身的能力，只有这样，孩子在漫长而复杂的人生中，才能保持对美好事物的向往，勇敢前行。随着孩子的成长，父母一定会因为孩子在小时候就养成了坚定、乐观的美好品质而感到欣慰。人生与航海一样，难免会遇到风浪，值得骄傲的不仅是成功靠岸，还有敢于乘风破浪的勇气。

好胜心强，想尽办法的孩子

随着自我意识的觉醒，处于青春期的孩子思维变得活跃，他们不甘于做他人生活中的配角，渴望展现自我，成为焦点。这种强烈的好胜心引导着孩子一次又一次参与竞争。而对成功的极致追求让部分孩子对他人充满了敌意，他们厌恶阻碍他们成功的人或事，为了达到目的而想尽办法。

孩子的青少年时期，亲子关系、师生关系和同学关系都会直接影响孩子性格的发展和品质的形成。

孩子的好胜心越强，就越不能容忍身边的人超越自己，这种充满警惕和敌意的心态将导致他们难以和其他人和睦相处。同时，其他的孩子也会感受到他们的不友善，从而渐渐疏远他们。久而久之，好胜心强的孩子会感到孤独，而这种孤独感会让他们的内心变得更加不平衡，更加渴望通过成功来证明自己强于他人。

　　有的求胜心切的孩子内心极度恐惧失败，害怕被认为是弱者，因此他们会采用各种方法来实现目标，父母在发现后一定要及时制止，并给予孩子恰当的批评。

一些父母为孩子的好胜心强感到开心，认为这是孩子有志气的表现。但实际上，孩子的好胜心是一把"双刃剑"，作为父母，不仅要看到其对孩子的积极影响，还要察觉到其对孩子的消极影响，并及时制止孩子的错误行为。父母只有教孩子把握好一个尺度，在日常生活中积极引导孩子，才能让孩子拥有良好的心态，快乐成长。

"道德普遍被认为是人类的最高目的，因此也是教育的最高目的。"

从表面上来看，看重输赢说明孩子有很强的上进心；但从深层次来看，这也是孩子"输不起"的体现，表明孩子还没有练就豁达和积极的人生观，他们只想赢而无法接受失败，为达目的想尽办法，对他人的成功抱有深深的敌意。为了让孩子改变这种对输赢的态度，父母的帮助和引导必不可少，其中对孩子产生最直接影响的就是父母本身的输赢观。

父母要告诉孩子努力学习不仅是为了考出好成绩，更是为了掌握知识，以便追求自我，享受精彩的人生。

幸福的定义不止一种，父母应该告诉孩子赢是为了什么，这比让他们盲目竞争要好得多。

　　当孩子意识不到自己因为好胜心切而伤害到他人的时候，父母要引导其换位思考，让孩子理解他人的痛苦。

　　父母不妨通过给孩子定一些具体的规则，来告诉孩子什么是对的，什么是错的。

总　结

　　父母应该让孩子知道，永远不要为了赢而赢。这种建立在与他人比较之上的幸福非常脆弱，只有从实际出发，为了真正的理想而拼搏的竞争才值得付出全力。生活中的标准很多，人在前行的过程中难免会感到盲目，会缺乏思考。作为孩子的陪伴者，父母要做孩子世界中的灯塔，既为孩子照亮前方的路，告诉他们在航行路上永远有岸可以停靠；又要支持他们，让他们在海阔天空中自由前进。

嫉妒他人，迷失自我的孩子

　　有些孩子事事都喜欢和他人比较，其他孩子拥有的东西他们也一定要拥有，看到其他孩子被赞赏，他们的内心就会产生挫败感。这些都是嫉妒他人的表现。不服输的进取之心值得赞赏，但一心只想与其他人争个高下的孩子是没有自我的，他们的成就感和挫折感永远建立在他人身上。随着生活环境的变化，身边人也在变化，想要永远赶上他人的孩子，内心必然会充满焦虑。

　　○ ○ ○ ○ ○ ○ ○ ○ ○ ○

　　在从小学习的过程中，孩子一旦出现嫉妒心，就易产生焦虑感。

　　孩子为什么会有如此强烈的嫉妒之心？这与父母对他们的教育息息相关。很多父母喜欢对孩子施加压力，要么告诉孩子别人家的孩子成绩有多好，要么告诉孩子如果不好好学习将来必定会输给别人。在这些观念的催化下，孩子会变得非常没有安全感，他们会觉得不停超越他人才是人生的唯一目的。

青春期的孩子十分敏感，强烈的嫉妒心会让他们的内心十分矛盾：一方面，他们极度渴望自己被认可；另一方面，他们又总觉得别人的才是最好的。

嫉妒之心会让孩子时常处于焦虑和自我怀疑的状态，在双重压力下，孩子会逐渐迷失自我。在竞争中，孩子之所以将他人作为标准，是因为他们以为参照他人的行为是判断成功与否的唯一标准，但实际上，成功的标准是因人而异的，人首先要发掘自己内心真正想要的东西。

"嫉妒的人常自寻烦恼，这是他自己的敌人。"

只有了解了自己的真实想法，带着好奇心探索真实的生活，才能找到自己真正热爱的事物，也只有这样，才能避免以他人的标准为标准，以他人的幸福来衡量自己的幸福。父母为了让孩子摆脱嫉妒之心带来的负面影响，不仅要积极引导孩子去发掘自身的优点，还要及时指正孩子的某些炫耀行为，让他们远离攀比的陷阱。

发现优点

为了让孩子调整爱与他人比较的嫉妒心理，父母要引导孩子发现自己的优点，不要总羡慕那些"别人家的孩子"。

直接夸奖

在孩子寻求鼓励的时候，父母要及时给予孩子表扬，并引导他们和过去的自己做对比，而不仅仅是与他人比较。

缓解焦虑

父母可以从一件事的整体目标的角度去劝导孩子，让他们不必事事追求完美。

培养爱好

父母可以引导孩子去培养一些兴趣爱好，当孩子意识到自己的优势，找到自己热爱的事物之后，他们会渐渐忽略他人的成功，从而专注于自己的进步。

总　结

　　在孩子的小小世界里，嫉妒是一种非常常见的情绪，因为他们还不懂得如何用不同的视角去看待生活，也还不知道自身其实有着无限的可能性。孩子之所以积极参与竞争，也是想获得更多来自他人的认可。因此，父母要多关心孩子，帮助他们消除嫉妒心，让他们在爱的守护中勇敢追求自我。

第四章

谈谈友谊，帮孩子跨过青春期交际障碍

减少干涉，给予孩子交友自由

　　进入青春期的孩子，渴望能更多地与同龄人相处。父母可能会发现，孩子不再像从前那般依赖自己，并且不像小时候那样什么都愿意对父母说，他们开始掩藏自己的心事，抵触父母的追问。这是青春期孩子的正常表现，说明此时的孩子非常渴望独立，父母应该给予他们一定的交友空间，让他们在与同龄人的交往中快乐成长。

> 建立良好的人际关系的秘诀就是学会理解别人，这样才能变得宽容，这就是通常所说的善解人意。

　　有些父母看到孩子与朋友亲密无间，会感到失落，从而采取一些强制性措施，比如逼迫孩子对自己说心里话，禁止孩子和自己不喜欢的同龄人走得太近，限制孩子出去玩的时间等。这些措施不仅不能赢得孩子的依恋，还会让他们更加渴望独立、自由。

　　父母对孩子的过度关注时常让孩子倍感厌烦，强制性的关心措施也只会将孩子越推越远，有时候，装作不在意反而会引起孩子的好奇心。

孩子进入青春期之后，开始拥有真正意义上的社交。对独立的渴望让他们开始尝试自己自由行动。孩子通常不愿意错过任何机会，交朋友就是其中之一。靠自己的能力交到好朋友，受到没有血缘关系的人的喜爱、重视，这些对孩子来讲非常重要，他们想要通过这一切来确认自己的存在价值。

"我只要接受自己的真实存在，我就能够有所变化，就能够超越自己现有的状态，从而也使人际关系变得真实。"

在这一时期，孩子迫不及待地想要挣脱父母的怀抱，他们急于获取对世界的新认知，这是因为他们已经不再满足于通过父母的视角去观察生活。从另一个角度来看，孩子之所以能够这样勇敢地奔赴未知的未来，说明父母给了他们足够的爱，让他们内心的安全感十分充足，并愿意用自身的爱的能量去影响他人。父母不妨给孩子充分的自由，让他们享受与他人交往的快乐。

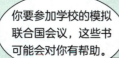

提供支持

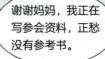

> 你要参加学校的模拟联合国会议，这些书可能会对你有帮助。

> 谢谢妈妈，我正在写参会资料，正愁没有参考书。

对于那些思想超前、有强烈交流欲望的孩子，父母可以多鼓励他们参加同龄人的交流活动，并在可接受范围内提供一定帮助。

提供思路

> 看到乐乐和西西在一起玩我就生气！

> 虽然乐乐是你的好朋友，但她也有和别人一起玩的权利呀，就像你也可以找别人玩一样。

当孩子在社交方面遇到问题时，父母可以提供一个新的思路，让孩子自主感悟。

创造机会

父母可以带着孩子参加一些社交活动，满足他们结交新朋友的愿望。

适时旁观

孩子之间的交往有他们自己的标准，父母可适当旁观，尽量避免用成年人的标准衡量孩子的友情。说不定没过多久，孩子就对友谊有了新的态度和认识。

总　结

　　孩子的交友往往带着最纯真无邪的真情，父母要重视对他们真挚而热烈的情感的守护，多鼓励他们，让他们在与朋友的相处中有所收获。孩子在自由的交友模式中，自身的个性将得到充分的释放，这对塑造其自信、独立、坚定的人格会起着积极作用。在丰富的社交活动中，孩子可以学到很多社交知识，并在反复实践之中，变得更加理性和成熟，这一切将有助于孩子完善自己的思维方式，获得充实的人生体验。

慧眼识人，教会孩子正确择友

　　进入青春期的孩子有了明显的交友意愿，他们敞开心扉，急切地盼望着友谊的到来。但是，付出真诚就一定会收获真诚吗？答案是否定的。毕竟，每一个孩子都来自不同的家庭，他们的行为习惯、个性和为人处事的方式都受到其父母的影响，可以说，孩子就是父母的一面镜子。在交往中过于单纯的孩子，极有可能会受到伤害。

> 孩子就是父母的一面镜子，家庭教育远远不是讲大道理那么简单。

　　有些父母为人正直、善良，他们也习惯于将自己的孩子培养得温和礼貌、落落大方，这样的孩子看待周围人的眼光是友善的，他们不会故意去伤害任何人。但有些孩子成长于充满怨怼、争执的家庭，内心充满了负面情绪，与他人在交往时往往带着偏见。两种不同个性的孩子在一起相处时，性格温和的孩子极有可能会吃亏。

一些孩子既善良又敏感，周围人的一举一动都会给他们带来影响。这类孩子在交往中受到伤害时，往往觉得是自己的问题。

　　人的生活是群体性的，人们需要在相互合作、相互关心中实现个人价值，正因如此，用心结交朋友，掌握交到好朋友的方法是很重要的。对很多孩子来说，父母给予的绝对的爱让他们习惯独享一切，不懂得怎样妥善处理和他人的关系。

　　"友谊的基础在于两个人的心肠和灵魂有着最大的相似。"

　　正所谓"近朱者赤，近墨者黑"，朋友的好坏将关系到孩子人生的成败。父母应当重视孩子的交友选择，并采用适当的方法培养他们分辨是非善恶的能力，使他们懂得如何选择朋友。人生的路很长，找到热爱生活、心怀理想、志向远大、兴趣相同的朋友是一件幸运的事，而早早就懂得如何选择优质朋友的孩子，一定会成长得更快。

以小见大

小事也很重要，从中往往能看出一个人的品行。父母要让孩子远离一些痴迷低级趣味的孩子，以免染上不良习气。

远离恶友

家长要教孩子学会分辨一些只会耍酷、品行不端的坏朋友，并及时阻断他们对孩子造成的不良影响。

精神交流

父母要告诉孩子，交朋友时要注重与对方进行精神层面交流，而不是仅限于物质层面的来往与攀比。

用心感受

真正的友情用心就能感受到。父母不妨让孩子用心体会，他们自然能分辨出谁是良友。

总 结

　　交友应以能否为彼此带来积极影响为前提，正因如此，交友应当看重精神层面的融合性和互补性，不应太过重视物质层面的满足，使交友变得过于功利。与成年之后才获得的友谊不同，孩子与牟幼时交到的好友之间往往有更紧密的情感连接，这将有助于孩子增加内心的安全感，提升共情能力。孩子越早学会选择自己的朋友，将会越早迈向成熟。教会孩子正确的择友方法，父母的教育之路也会轻松许多。

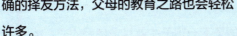

积极培养，提升孩子的交际能力

人际交往能力是一种重要的生活能力，它包含表达理解能力、人际融合能力和解决问题的能力等。孩子如果具备较强的人际交往能力，在学习生活中会更加顺利，内心也会更加充实。较强的人际交往能力对孩子未来的成长之路也有着积极影响。因此，父母应当重视对孩子人际交往能力的培养，帮助他们获得高质量的友谊。

孩子不一定天生就具备良好的交友能力，这需要家长着重培养。

很多家长认为孩子的人际交往能力是天生的，不需要培养。但实际上，由于孩子还没有形成完善的人生观和价值观，内心的想法仍不够成熟，对于如何处理与他人之间的关系，他们并没有十分明确的方向和方法。此外，孩子的性格无论偏内向还是外向，都会在人际交往中遇到一些问题，因此父母的引导是非常关键的。

青春期的孩子喜欢交朋友，却不知道怎样交朋友。其实，与他人聊天、相处都是有技巧的。

为人处事要看心态和能力。父母不必过于纠结孩子的性格是内向还是外向，更不能一味地认为外向的孩子交际能力一定强，从而指责性格过于内向的孩子。为了让孩子在交际时能顺利，父母首先要帮助孩子建立自信；其次，要告诉孩子人际交往的基本原则。

"人之相识，贵在相知，人之相知，贵在知心。"

在父母的耐心教导下，自信、有教养、内心丰富就会成为孩子的良好品德。有了这些良好的品德，孩子在人际交往中便能够不忘初心，坚持自我，在勇于表达自我的同时，又懂得照顾他人的情绪。即使在交往中出现一些问题，孩子也可以做到就事论事，不至于因为一点挫折就全盘否定自己。

父母要鼓励孩子多和与自己个性不同的人交朋友，这样可以起到互补的作用。

父母要让孩子明白，遇到与自己观念不一致的人很正常，说服不了对方，那就远离对方。

坚持原则

有时候妥协换不来他人的理解，让孩子学会坚持自己的原则非常重要。

学会谦虚

有的孩子总想显摆自己，这在人际交往中可能不会赢得他人的尊重，不被他人喜欢，反而易被人排挤。

总 结

　　人际关系是复杂的，也是值得期待的，孩子在与他人的交往中，会懂得真诚的可贵。父母在教导孩子做尊重他人、谦逊明理的人的同时，也不要忘记让孩子的善良带一点锋芒，让他们的礼貌待人，建立在对方值得的基础之上，对于那些蛮不讲理、品行不端的人，大可不必客气。父母要重视培养孩子的交际能力，但也不应过度关注，毕竟，让孩子学习更多知识，提升内核才是关键。一个内心丰富的人，一定会受到他人的欢迎。

理性交往，引导孩子学会拒绝

很多孩子经常被父母教导要慷慨大方、懂得分享、乐于助人，并被提示这样才是好孩子，才能受到别人欢迎。的确，这些都是美好的品格，但如果孩子过度追求塑造这些品性，并因此时常牺牲自我感受去帮助他人、讨好他人，那么孩子的自我意识将会受到压抑。

弱者会被动屈服于他人的态度，强者却能积极影响他人的态度。

当其他人向孩子提出不合理的要求时，他们出于对"好孩子准则"的遵守，会难以拒绝，在一次次妥协之后，孩子的内心会相当矛盾：明明在关心别人，明明大家看起来都很喜欢我，但为什么我会觉得有点难过呢？这正是因为孩子一直都在压抑自己的真实意愿。为了避免孩子因不懂拒绝，变成"讨好型"人格，父母应该教会他们理性交往。

孩子不会拒绝他人的不合理要求，看似是在帮助他人，实则是在委屈自己，这对孩子的负面影响是很大的。

孩子不敢拒绝的背后，是其自我意识的缺失，表明孩子不懂得与别人的道德和情感绑架相抗争，只能用牺牲自我感受和利益来讨好别人。由此可见，父母仅要求孩子做个善良、友好的人，孩子是难以应对人与人之间复杂的交往情况的。无论是出于对失去朋友的恐惧，还是出于对他人闲言碎语的担忧，孩子都易被困在其中，无法自拔。

拒绝是权利，就像生存是一种权利。

孩子之所以害怕拒绝，是因为他们认为拒绝是充满敌意的，只要拒绝别人，别人就会立刻不喜欢自己了。这就需要父母及时为孩子讲解人与人之间交往的原则。实际上，真正的朋友是不会因为一次拒绝而失去的；而那些不属于朋友范畴，因为利益才靠近孩子的人就更不会因为一次被拒，就彻底切断联系。只要一个人是优秀而强大的，就不会那么轻易地失去朋友。

提升自己

> 谢谢爸爸，我会好好提升自己的！

> 专注于提升自己而不是取悦朋友，反而会收获更多友情。

　　青春期的孩子最需要被重视的是他们活跃的思维和旺盛的求知欲，父母要帮助孩子专注于提升自己，让他们看到自己的价值。

> 你不喜欢她的做法，就要勇敢地拒绝。她不会因此讨厌你的。

> 西西给我她的旧帽子，可我想买一顶新的。

改变想法

　　父母要让孩子改变"拒绝朋友，他们就会讨厌我"的想法，让孩子勇敢表达自己的真实意愿。

坚守自我

　　交友应该是一件快乐的事，如果孩子在交友中因为成全别人而逐渐失去自我，并感到痛苦的话，那就让他们快快停下来吧。

转达肯定

　　父母要在经常肯定孩子的同时，及时向孩子转达他人对孩子的认可，让孩子更加自信。

总　结

拒绝并不代表着一段关系的结束，而是一个人获得尊重的开始。一个人之所以非常害怕和其他人起冲突，一是因为他看轻了自己，二是因为他对人际关系有很多不正确的认知。那些因为遭到别人拒绝就与之断交的人，其实是非常情绪化、不明事理的人。拒绝他人并不可怕，父母要用爱和鼓励帮助孩子突破心理障碍，勇敢前行。

树立原则，告诉孩子相处有道

　　与父母的相处是孩子人际交往的第一堂课，孩子在家中如何与父母相处，在外面就有可能以同样的方式与其他人相处。有的孩子从小被父母保护得很好，在生活中遇到任何问题都由父母出面解决，时间长了，孩子由于不具备交往能力，完全不懂得如何与他人打交道，在人际交往方面会遇到很多麻烦，这将会严重影响到孩子的生活。

> 父母要帮助孩子学会与他人交往，让孩子体会到交往的乐趣和意义。这样，孩子以后才能顺利地成长。

　　还有的孩子从小被父母娇生惯养，即使做错事也不会受到指责，他们在与其他人相处时，处处以自我为中心，不会顾及别人的感受，比较容易受到别人的讨厌。并且，一旦遇到挫折，他们就会感到无法承受，因为在以往与父母的相处中，父母总是习惯顺从于他们。在这样的家庭氛围中成长的孩子，其情商和逆商都不足以使其在社会上游刃有余地生活。

缺乏基本人际交往常识的孩子总会遇到各种各样的问题，父母与其为他们制造的麻烦头疼不已，不妨思考一下如何向他们普及交际知识。

在学习和生活中，孩子都需要与他人相处。如果他们缺乏与他人交往的能力，不熟悉人际交往的规则，那么就有可能被他人讨厌和排斥，他们在长大成人之后也会难以适应社会生活。作为孩子人生中最重要的守护者，父母应该做孩子的榜样，用一言一行向孩子揭示人与人相处的奥秘，并教会孩子基本的人际交往原则。

"与人交谈一次，往往比多年闭门劳作更能启发心智。思想必定是在与人交往中产生，而在孤独中进行加工和表达。"

在人际交往中，运用最多的就是语言，它是人与人之间沟通的桥梁。父母首先要教孩子学会表达自己。具备良好表达能力的人，不仅能更顺利地向其他人传递自己的想法，还可以更容易地得到他人的赞赏。从小培养孩子的表达能力，是帮助其打开人际交往之门的关键步骤。其次，父母要帮助孩子找到自己的爱好、树立自己的理想，这能够帮助孩子设定人际交往的方向，让他们迅速识别与其志同道合的人。

表达练习

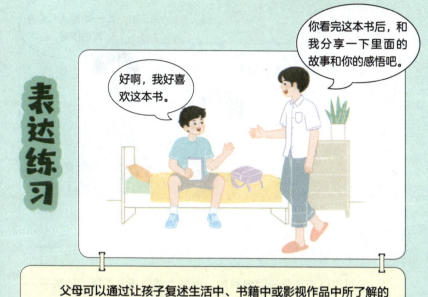

　　父母可以通过让孩子复述生活中、书籍中或影视作品中所了解的事情来锻炼表达能力，同时鼓励孩子勇于表达自我。

主动关心

　　一些看似不经意的主动询问，能让孩子感到被关注，他们会更积极地参与到各种活动中去。

做个游戏

父母可以与孩子一起做游戏，例如"成语接龙"等，让孩子在游戏中提高表达能力。

充实生活

经常带孩子去外面玩，可以提高他们观察各种事物的能力。同时，让孩子不断发现、接触新事物，可以丰富他们说话的内容。

总　结

　　当孩子有了强烈的表达欲，并学会了如何沟通，他们在与他人交往时会更加顺利。这会让孩子变得更加活跃，能够充满热情地去对待每一次社交机会，从而让一切形成良性循环。人际交往是一个大课题，看似是学习如何与他人相处，获得他人的认可，实际上一切都是从自我需求出发的。因此，最重要的依然是让孩子在与他人相处的过程中体现出自我价值，树立自信心，成为更好的自己。

第五章

说说学习，为孩子解决学习的困扰

调整孩子的厌学情绪

所谓厌学情绪，指的就是不喜欢学习，并且十分抵触和学习有关的一切活动。当孩子产生厌学情绪时，他们就不会主动去学习，找各种理由来逃避上学，课堂上不认真听讲，写作业时也变得磨磨蹭蹭。父母常常感到奇怪，明明为孩子创造了如此优越的学习环境，孩子竟然不懂得珍惜，这究竟是什么原因呢？实际上，孩子厌学是一个比较常见的现象。

> 很多孩子虽然每天都背着书包去学校上学，但是在他们内心深处却很不喜欢这种生活方式。

在孩子刚刚出生的时候，他们就已经开启了学习之旅，他们玩耍，探索，模仿着大人的语言，在这个阶段，孩子的学习是自发的，因此他们乐此不疲。但是，随着孩子长大，进入到学校后，他们却需要在短时间内有目的地学会很多知识，这对于正在自发探索的孩子来说，是难以接受的，如果再遇到父母的强烈要求和不断催促，孩子会更加痛苦。

　　父母越是强硬地将学习压力施加给孩子，孩子就越想逃离。有些孩子甚至成了满足父母虚荣心的"牺牲品"。

有些父母对学习的认知本身就是错误的，他们认为学习只是为了考高分，并将这种观念灌输给孩子。孩子受此影响，一旦取得不如意的成绩，就会产生强烈的挫败感，从而对上学、考试这些事情产生畏惧心理。此外，这种狭隘的思想会一直影响着孩子。

"父母最根本的缺点在于想要自己的孩子为自己争光。"

孩子学习，不仅仅是为了考取好的分数，更是为了获得足够的知识去了解这个世界，找到自己热爱的事物，从而进一步感受生活的意义。因此，父母应该主动了解孩子的兴趣爱好，多予以鼓励和支持，从而引导孩子积极地展开人生探索。

适当减负

让孩子学习太多东西很有可能导致其什么都学不好，父母不如给孩子适当减少负担，让他们把一件事学精学好。

陪伴探索

父母要做孩子人生中的引导者，而不是决策者，要帮助他们找到自己的人生目标。

适当放松

给孩子适当放松的机会，让他们在该玩的时候就好好玩，这样学习的时候才能更投入。

学有所长

把每一个科目都学好、学精是很难的，但每一个孩子可能都有自己擅长的科目。孩子能够把擅长的科目学好学精，也是一种优势。

总 结

每一个孩子都有自己独一无二的特点，如果他们找到了适合自己的舞台，就会闪闪发光。学习方面也是一样的，孩子只要找到了自己感兴趣的学科，并对学习这件事有了更深刻的认识，就会改变自己的学习态度，从被动变得主动。因此，父母在面对孩子的厌学情绪时，应该耐心一些，与孩子好好沟通，了解他们的真实想法，帮助他们解开内心的困惑。学习之路并不容易，父母要做好孩子的引路人。

纠正孩子的偏科问题

　　孩子进入青春期后，身心的变化可能会影响孩子的学习，导致孩子原本均衡的各科成绩逐渐变得参差不齐，开始出现偏科的问题：有的孩子某一科或几科成绩特别好，其他科目成绩却一般；有的孩子因为讨厌任课老师，故意不好好学对方教的科目；还有的孩子觉得记忆性科目容易掌握，而对需要深入思考探究的科目感到吃力。

> 学习是一场持久战，是一场马拉松，是从一砖一石开始积累起知识的高楼大厦。

　　偏科其实是个复杂的问题。有些孩子在很小的时候就显露出对一些科目的兴趣，随着年龄增长，兴趣逐渐浓厚，孩子可以为了喜欢的科目废寝忘食，却不愿意学习其他科目。此时，一些父母可能会以强制性的措施来干预孩子，甚至要挟孩子；还有一些父母会不断在孩子面前提醒他们偏科了，这都会让孩子认为他们目前的表现是较差的，由此让其倍感焦虑。

青春期的孩子正处在身心发展的敏感阶段，父母的强硬态度和毫不避讳的言语，极有可能伤害孩子学习的热情和脆弱的自尊心。

孩子偏科的原因是多种多样的，父母要从孩子的行为中了解到他们内心的真实感受，并且及时给予正确的引导，帮助孩子解决学习偏科问题。父母不要过度担心偏科这件事，从而让自己和孩子都陷入焦虑。其实，偏科只要发现得早，找对原因，就可以解决。

"只有受过一种合适的教育之后，人才能成为一个人。"

造成偏科的原因有很多。例如，有的父母平时对孩子的教育引导有较强的偏向性，过于关注孩子某一学科的成绩，导致孩子认为自己只要学好那门学科就行了。又如，孩子没有好的学习方法，所有学科都按照同样的方法学习，毫无针对性。此外，有的孩子逻辑思维和抽象思维能力此时尚未发展成熟，在学习某些学科时会有些吃力。

避免暗示

父母要避免给孩子偏科的心理暗示，在表扬孩子某些科目学得好的同时，鼓励他们运用自身能力去学好其他科目。

授人以渔

每个科目需要的学习方法不一样，帮助孩子找到正确的学习方法，才能让他们学起来更高效。

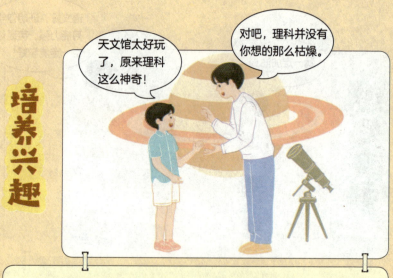

培养兴趣

　　很多孩子并不清楚一些学科背后所蕴藏的丰富知识，父母要注意培养孩子对这些学科的兴趣，带他们找到学习那些学科的真正意义。

正确引导

　　父母要重视对孩子的引导，尤其不要在孩子面前表达太多的学科偏见。

总　结

　　偏科并不可怕，但对于很多孩子来说，偏科是让他们听了就感到压力倍增的一个词语。孩子在学习中遇到一些困难是正常的，父母不要把它看作是很严重的问题，而要将其视为一种正常的现象，并观察孩子在这种现象中的表现，最重要的是通过这种现象发掘孩子的优势，培养孩子的信心，让他们顺利度过每一个学习期的特殊阶段。

让孩子写作业不拖延

孩子写作业前磨磨蹭蹭，写作业时注意力不集中，写完后又把作业本弄丢了，这些和作业有关的事，简直愁坏了不少父母。有的孩子仿佛天生抵触写作业这件事，他们即使勉强完成了作业，也无法体会到写作业的重要性，只有种"脱离苦海"的感觉。如何让孩子正视写作业这件事，让他们不拖延写作业的时间，已经成为父母十分关注的话题。

> 孩子拖拉磨蹭大多都是因为缺乏时间观念，他们总是觉得还有很多时间。

一些父母习惯为孩子安排一切，导致孩子到了青春期后，自我意识萌芽，想要独立，却完全不知道如何分配自己的时间和安排自己的生活。此外，在父母的安排下成长的孩子，认为学习是为父母学的，自然遇到写作业就想要拖延。

要解决孩子写作业拖延的问题，就必须从关键点着手，一味地训斥孩子是没有用的。

有些孩子有明显的畏难情绪，一想到繁重的作业，他们就变得磨磨蹭蹭。毋庸置疑，比起写作业，玩耍是一件更容易办到的事，一旦开始就能立刻收获快乐。但写作业是为了让孩子巩固当天所学的知识，为了提升孩子的素养，以便孩子能够在将来实现人生理想，获得更充足的快乐。父母应该帮助孩子认识到这一点。

"时间应分配得精密，使每年、每月、每天和每小时都有它的特殊任务。"

想要彻底改变孩子拖延的毛病，除了让孩子转变思路，一些实践技巧也值得尝试。比如，父母和孩子一起制作"一日计划表"，让孩子学会有计划地安排生活，合理利用时间；父母尽量避免给孩子布置额外的学习任务，让孩子先养成良好的学习习惯；父母还应该为孩子创造好的学习环境，不要让孩子在书桌上放太多玩具和零食，以免分散他们的注意力。

制作清单

将当天的作业列成一张清单，能帮助孩子认清自己的学习目标，高效地完成任务。

约定奖励

父母可以为孩子制订奖励方案，当孩子的学习任务完成到一定程度时，就奖励他们一下，这样孩子会更有成就感、收获感。

创造条件

父母要做孩子的榜样，当孩子看到父母热爱读书、勤于思考后，也会受到感染。

树立理想

孩子有了自己的理想，就有了学习的动力，写作业这件事在孩子的心中也会变得更有意义。

总　结

　　其实不仅仅是孩子，大人也会有遇事拖延的时候，这是一种正常现象。当一个人有了目标，明白自己为什么要做一件事的时候，他的行动力就会变强，他的内心也会变得更加坚定，即使遇到困难也不会轻易放弃。对人生的热情在很多时候都是由人对目标的强烈渴望产生的。孩子总会找到自己的人生理想，在此之前，父母的引导和陪伴将是他们生命中的指路明灯，照亮他们前行的道路。

助孩子缓解考前焦虑

有些父母发现，一到考试前，孩子就会变得焦躁不安，尤其当被问到考试准备得怎么样时，孩子会表现得相当不耐烦，这些都说明孩子出现了考前焦虑。父母或许感到困惑，小孩子只要认真备考就可以了，怎么还会产生考前焦虑呢？实际上，孩子考试前感到焦虑是常见的现象，而焦虑通常来自学校和父母。

家长虽然在功课上不一定能给予孩子很多帮助，却完全可以凭借自己的经验在学习方法、饮食起居等方面给予孩子引导。

在考试之前，学校的氛围通常会变得紧张起来，孩子这时已经意识到了考试的重要性。在回家之后，孩子又被父母不断叮嘱和询问，他们难免感到焦虑不安。父母可能认为自己是在关心孩子，为他们加油，但这种持续的关注却让孩子难以用平常心来对待考试。所以，如果父母希望孩子放轻松，自如地应对考试，首先要让自己放下焦虑。

　　父母越是强势地追问和干预，孩子在考试前就越会感到焦虑，从而更加抵触和恐惧考试。

当孩子处于考前焦虑的状态时，内心会不知所措，他们想再巩固一下所学的知识，可是却一个字也看不进去，同时发现原来所学的知识也似乎全忘了。还有的孩子甚至会出现一些身体上的症状，比如头疼、失眠和腹泻等。还有的孩子会通过打游戏、看电视等方式来掩饰自己内心的焦虑。对于这些情况，父母应该予以干预。

"教育贵于薰习，风气赖于浸染。"

父母能为孩子做的其实有很多。首先，父母可以主动帮孩子整理一下第二天考试要带的文具等物品，注意不要对孩子讲"明天你一定能考好""你都学会了，考前几名一定没问题"等话，这些话可能会加重孩子内心的恐慌。其次，父母在考试前一天要尽可能地保持家庭氛围的和谐，并为孩子准备一些美味的食物，简单传达自己的关心。

适当放松

哇，能出来走走，心情真好啊。

今天咱们出去玩一玩，放松一下。

当孩子因为马上要考试而焦虑得无法做任何事时，父母可以带孩子到室外散散步，简单玩耍一番，以转移注意力的方式缓解孩子的焦虑。

唉，明天也不知道能不能考好。

即使考不好也没什么，放手去做就好！

放下包袱

越是认真学习的孩子，越在乎自己的考试成绩。这时候父母可以帮助孩子放下包袱，让他们轻松上阵，无惧考试。

突破迷雾

孩子有时候会沉溺于焦虑的情绪中，不敢面对具体的问题，父母应该帮助他们突破焦虑情绪制造的迷雾。

后勤保障

当孩子自觉复习时，父母只需要给孩子提供及时的后勤保障就行了。

总　结

　　由于竞争越来越激烈，现在的孩子学习压力其实很大，他们害怕自己在各个方面被落下，于是不仅在行动上严格要求自己，在精神上也不允许自己有丝毫放松。长期处于这样的状态中，孩子的内心其实是焦灼的，他们很需要减减负、松松绑。父母没有办法代替他们去完成学习任务，却可以在生活中提供帮助和关心，让孩子明白父母永远都是最支持他们的人。

帮孩子提高学习效率

关于孩子的学习，令父母经常感到困惑的是，自己家的孩子花在学习上的时间明明很多，学习效果却并不好。孩子看上去十分努力，却没有得到好的回报，这究竟是怎么一回事呢？其实，这和孩子的学习效率低有关，而学习效率的高低和孩子学习动力的有无息息相关。

> 学习并不是一件痛苦的事情，如果合理引导，它可以是充满乐趣的！

孩子缺乏学习动力，是因为他们对学习这件事的看法有问题。父母从小对孩子传达的"只要好好学习，就能得到奖励""不好好学习，长大就要受苦"等观念，会让孩子觉得学习本身是苦涩的，他们自然很不情愿去面对这件"苦差事"。父母的每一次唠叨都会给孩子带去压力，但对于学习本身，压力并不一定会化为动力。在大多数情况下，兴趣才是最好的老师。

　　无论使用奖励还是指责的话术，一些父母都在向孩子传递"学习是苦的"这个观点。这是不对的。

其实，学习本身没有苦和甜的差别。在学习中找不到乐趣，只能感受到压力的孩子自然觉得学习很苦，但有目标、有兴趣的孩子会觉得学习是一种快乐，他们甚至沉浸在知识的海洋里，废寝忘食。因此，为了让孩子获得学习的动力，提高学习效率，父母要帮助他们找到学习的兴趣和目标。

"学习的最大动力，是对学习材料的兴趣。"

要提高孩子的学习效率，父母还需要重视孩子的特点。每个孩子的特点都是不一样的，有的孩子心思细腻，学习时爱思考，但容易钻牛角尖；有的孩子不畏困难，就喜欢解难题；还有的孩子非常有创造力，总喜欢用不一般的方法解决学习中遇到的问题。父母只有针对孩子的特点，制订合理的学习计划，才能提升孩子的学习能力，从而提高孩子的学习效率。

找准优势

每个孩子所擅长的都不同，一旦找准，悉心培养，便能让孩子在学习中发挥自身的优势，从而提升学习效率。

给予支持

面对孩子在学校的特殊情况，父母应该予以理解，并给予支持而非指责，要让孩子感受到爱。

组队学习

有时，孩子和同龄人在一起学习效率会更高，孩子们可以相互合作，讨论问题。

具体表扬

父母对孩子的表扬一定要具体，不要笼统地叙述，这样孩子才能真正感到被认可，并继续努力。

总 结

　　提升学习效率是个循序渐进的过程，在孩子做得不够好的时候，父母也不要着急批评或者安抚他们，而要培养孩子独立解决学习问题的能力和思路。比起掌控一切的管理者，父母要做孩子的陪练员，陪伴他们通过一场场学习和生活中的考验，让他们用一颗勇敢的心，行过知识铸就的万里长途，渡过人生漫漫长河。

第六章

讲讲问题，
和孩子一起走出成长中的误区

正视孩子的早恋现象

和大人的世界一样，孩子的世界也充满了未知和诱惑。在与同龄人的频繁相处过程中，一种特殊的花悄悄地在孩子心中绽放，他们带着懵懂和好奇去感知那花朵的香气，这便是早恋的花。其实，从十二三岁开始，孩子就有了青春的萌动，他们嬉笑打闹着，释放着内心的情感。

情窦初开是每一个孩子人生的必经阶段，父母应该学会正确看待此事，从容应对，不急不忙。

发现孩子有早恋迹象的时候，父母往往急于干预，要么使用难听的语言将孩子斥责一番，要么全面监视孩子的生活，禁止他们有除学习之外的任何行动。其实，这些方法不但解决不了问题，还会让孩子产生逆反心理，父母越是不允许他们做什么，他们就越要做什么。

　　父母如果采取错误的方式来处理孩子的早恋，不但会让孩子更加叛逆，还有可能会伤了他们的心。

作为孩子人生的引路人，父母应该陪伴和引导孩子。当孩子有早恋迹象时，父母要让孩子既感受到爱，也不迷失自我。如果青春的萌动处理得当，将会成为孩子一生美好的回忆。父母要做的，就是教会孩子如何正确处理这种情感。

爱情和智慧，二者不可兼得。

陷入情感迷雾的孩子，难免会感到不知所措，他们也希望能得到父母的帮助。父母在得知孩子有了喜欢的人的时候，要先了解孩子的想法，同时通过一些案例和书籍内容与孩子探讨早恋的消极影响。如果孩子根本不确定自己的心意，那么父母就要为其介绍究竟什么才是喜欢一个人时的真正感受，不要让孩子轻易被人拨动心弦。

如果处于早恋中的孩子没有异常的逾矩行为，早恋也没有给孩子的生活带来负面影响，父母可以向孩子讲明道理，并给予一定理解。

父母不要害怕和孩子谈到恋爱话题，揭开它的神秘面纱，有时更有助于孩子成长。

了解情况

对于孩子的恋情，父母要做到心中有数，对孩子的恋爱对象情况有基本了解，如果发现恋情会给孩子带来坏影响，应该及时制止。

爱的教育

甜蜜的恋情固然美好，但成为真正的自己永远是人一生的课题。父母带孩子找到热爱的事是让其摆脱早恋旋涡的有效途径之一。